AF357872

SALLE N° 8

JOLIE COLLECTION

DE

TABATIÈRES ET BONBONNIÈRES

BIJOUX — ORFÉVRERIE ANCIENNE

SCULPTURES

MINIATURES ET DESSINS

EXPOSITION PUBLIQUE : le Mardi 20 Février 1877

DE UNE HEURE A CINQ HEURES.

Mᵉ CHARLES PILLET | M. CHARLES MANNHEIM

COMMISSAIRE-PRISEUR, | EXPERT.

10, rue de la Grange-Batelière. | 7, rue Saint-Georges.

CATALOGUE

D'UNE JOLIE COLLECTION

DE

TABATIÈRES ET BONBONNIÈRES

du temps de Louis XVI

Jolis Médaillons en or repoussé ;

ORFÉVRERIE DES ÉPOQUES LOUIS XIV, LOUIS XV ET LOUIS XVI,

de travail français et anglais ; Bijoux divers ; Sculptures en ivoire ; Objets variés ;

DESSINS ET MINIATURES

PAR SAINT-AUBIN, DEMACHY, HUET, LE BEL, MARTINET,
MOREAU LE JEUNE, QUEVERDO, ETC.

QUELQUES GRAVURES

DONT LA VENTE AURA LIEU

HOTEL DROUOT, SALLE N° 8

Le Mercredi 21 Février 1877

A DEUX HEURES

Par le ministère de Me **CHARLES PILLET**, Commissaire-Priseur,
10, rue de la Grange-Batelière,

Assisté de **M. CHARLES MANNHEIM**, Expert, 7, rue Saint-Georges

Chez lesquels se trouve le présent Catalogue.

EXPOSITION PUBLIQUE : le Mardi 20 Février 1877,

DE UNE HEURE A CINQ HEURES.

CONDITIONS DE LA VENTE

La vente se fait au comptant.

L'acquéreur payera *cinq pour cent* en sus des enchères applicables aux frais.

L'Exposition mettant le public à même de se rendre compte de l'état des objets, aucune réclamation ne sera admise une fois l'adjudication prononcée.

Paris. — Imp. de PILLET et DUMOULIN, 5, rue des Grands-Augustins.

DÉSIGNATION DES OBJETS

TABATIÈRES & BONBONNIÈRES

1 — Jolie bonbonnière ronde en or émaillé gros bleu, décorée de feuillages d'or rapportés. Le couvercle est orné d'une peinture sur émail entourée d'un rang de brillants et d'un rang de roses. Le bord offre un rang de turquoises et de roses alternées. Époque Louis XVI.

2 — Boîte ovale en or émaillé bleu sur fond guilloché, à cordons décorés d'ornements d'or et pilastres gravés sur fond bleu. Le couvercle est orné d'une peinture sur émail, représentant Euterpe inspirée par l'Amour. Ce médaillon est entouré d'un rang de brillants et d'ornements exécutés en roses. Époque Louis XVI.

3 — Tabatière ovale du temps de Louis XVI, en or guilloché à pois et à mille raies et émaillé gros bleu. Elle est enrichie de cordons et de pilastres, composés d'ornements, décorés d'émaux saillants imitant les pierres précieuses, et le couvercle offre une peinture sur émail,

représentant deux nymphes et un amour. Ce médaillon est entouré d'un rang de points d'émail imitant des opales. Époque Louis XVI.

4 — Petite boîte ovale de même travail. Le médaillon de celle-ci représente une marine. Époque Louis XVI.

5 — Bonbonnière ronde en or guilloché et émaillé bleu, à cordons à torsades d'or et points d'émail imitant l'opale. Le couvercle est orné d'un petit médaillon représentant une offrande à l'Amour. Époque Louis XVI.

6 — Petite boite ovale en or guilloché et émaillée gros bleu, à cordons ciselés en relief et décorés d'émaux de couleurs. Le cordon entourant le couvercle est formé d'un rang de demi-perles. Époque Louis XVI.

7 — Bonbonnière ronde en or émaillé bleu clair. Le couvercle est orné d'une peinture sur émail en grisaille, représentant une jeune mère et ses deux enfants, entouré d'un rang de demi-perles. Époque Louis XVI.

8 — Bonbonnière ronde en or émaillé gros bleu et étoilé d'or avec cordons émaillés vert émeraude. Le couvercle est orné d'une peinture sur émail représentant une offrande à l'Amour. Époque Louis XVI.

9 — Bonbonnière ronde en or guilloché émaillé gros bleu et à cordons, décorés d'ornements d'or et d'argent. Même époque.

10 — Tabatière ovale en or émaillé gros bleu, décorée de cordons et de festons de feuillages d'or. Le couvercle est orné d'une jolie peinture sur émail, représentant un sujet allégorique. Époque Louis XVI.

11 — Tabatière ovale en or guilloché émaillé gros bleu, à pilastres et cordons gravés sur fond d'émail bleu clair. Le couvercle est orné d'un joli médaillon émaillé en plein, représentant un vase de fleurs et encadré d'un rang de demi-perles. Époque Louis XVI.

12 — Tabatière ovale en or guilloché émaillé gros bleu, à cordons décorés en or et émaux de couleurs. Le couvercle est orné d'un médaillon peint sur émail. Époque Louis XVI.

13 — Boîte oblongue à angles coupés en écaille, ornée d'un médaillon rond peint sur émail, représentant une marine dans la manière de Joseph Vernet, encadré d'un cercle d'or gravé.

14 — Tabatière ronde en vernis de Martin, incrustée d'or, de burgau et de laque de couleur, décorée de fleurs et d'un coq à l'imitation des laques du Japon. Cette boite est doublée en or.

15 — Tabatière ovale en écaille posée d'or et montée à gorge à charnière en or. Elle contient un portrait de femme, peint en miniature sur ivoire. Époque Louis XV.

BIJOUX

16 — Deux jolis médaillons ovales en hauteur, en or repoussé, signés Michel, représentant l'un, un groupe de trois enfants bacchants et l'autre un paysage avec figures. Ils sont montés dans de jolis cadres en argent ciselé à tore et branches de lauriers. Beau travail du temps de Louis XVI.

17 — Autre joli médaillon ovale en largeur, même travail, signé Michel, 1777. Celui-ci représente Vénus et l'amour surpris par un satyre.

18 — Autre médaillon de même style, représentant un sujet de bacchanale d'enfants.

18 *bis*. — Porte-tablettes en ivoire du temps de Louis XVI, monté en or et enrichi de deux miniatures.

19 — Deux médaillons ovales en argent repoussé, représentant la terre et l'air, avec cadres en cuivre oxydé.

20 — Autre médaillon en argent repoussé, représentant le portement de croix.

21 — Médaillon carré de même travail, représentant un sujet biblique.

22 — Médaillon ovale en argent repoussé, représentant le triomphe d'Amphitrite.

23 — Étui porte-flacon en cuivre doré, décoré d'ornements rocaille, de figures et de mascarons en relief.

24 — Deux pièces en acier : paire de ciseaux à ornements découpés à jour et navette Louis XV, damasquinée d'or et d'argent.

25 — Deux pièces : Etoile en vieux Saxe, décorée d'oiseaux et d'insectes, et flacon en cristal taillé formant lorgnette.

26 — Flacon de poche en aventurine de Venise avec garniture et bouchon cannelé en or.

27 — Quatre petits cachets en porcelaine, représentant des figurines debout et deux colombes, et portant des inscriptions en vieux français.

28 — Pomme de canne formée d'une branche de corail garnie en argent.

29 — Manche de miroir à main en fer gravé et cannelé. xviiie siècle.

30 — Dix cachets et quatre clefs en argent des époques Louis XIV, Louis XV et Louis XVI. Quelques pièces sont ornées d'intailles.

31 — Feston de fleurs et draperie en fer ciselé.

32 — Médaillon rond en argent repoussé, représentant un sujet biblique. XVIIIe siècle.

33 — Dessus de boite en écaille piquée d'or et enrichie d'incrustations de nacre de perle. Le char de l'amour.

34 — Miniature ovale dans un petit cadre en filigrane d'argent.

35 — Bracelet composé de plaques en or émaillé gros bleu et sujets en grisaille, provenant d'une ancienne chaîne de gousset du temps de Louis XVI.

36 — Broche en or émaillé à figure de femme sur fond bleu et entourée d'un rang de demi-perles.

37 — Camée ovale sur jaspe agate, tête d'homme laurée de profil à gauche.

ORFÉVRERIE

38 — Buire et son bassin du temps de Louis XV, en argent. Le goulot de la buire est formé d'un mascaron tête de femme et la panse est ornée de festons de lauriers et d'un écusson encadré de lauriers.

39 — Sucrier de forme ovale à couvercle en argent repoussé à fleurs et surmonté d'une figurine de femme couchée.

40 — Porte-liqueurs Louis XVI, en argent orné de festons de fleurs et disposé pour quatre flacons.

41 — Deux bouts de table en argent à grilles découpées à jour et tige surmontée d'une colombe.

42 — Petit panier ovale en argent repoussé à festons de lauriers et ornements découpés à jour. Époque Louis XVI.

43 — Pot à crème en argent repoussé à ornements rocaille et fleurs. Travail anglais.

44 — Réchaud en argent repoussé à godrons et à ornements gravés et repercés à jour. Époque Louis XV.

45 — Petit plateau ovale en argent repoussé à fleurs et festons de fleurs.

46 — Porte-huilier Louis XVI, en argent, à perles en relief et ornements.

47 — Sucrier et pot à crème en forme de vases en argent ciselé à tore et festons de lauriers. Epoque Louis XVI.

48 — Flacon en forme de vase en argent orné de mé-

daillons, bustes en relief et de festons de fleurs.
Époque Louis XV.

49 — Boîte à poudre de forme cylindrique en argent à ornements découpés à jour. Époque Louis XIV.

50 — Salière de voyaye, en argent gravé et découpé. Même époque.

51 — Deux pièces en argent : encrier de voyage avec porte-plume et étui pour la couture avec dé, etc.

52 — Deux pièces en argent : boucle de ceinture et petite brosse avec dessus en forme de vase.

53 — Cuiller en argent à long manche à ornements et mascaron ciselés. xvi siècle

54 — Fourchette pliante à cuilleron mobile, en argent. Le manche se termine par un buste de femme et contient divers ustensils. Même époque.

55 — Deux très-petites fourchettes en argent à manche ornés de figurines debout. xviie siècle.

56 — Quatre petites boîtes ou cassolettes en argent, de formes et de décors variés. xviiie siècle.

57 — Flacon de poche en argent ciselé à médaillon, amours sur un dauphin et ornements. Époque Louis XIV.

58 — Deux pièces en argent : Petite cage et coquetier.

59 — Deux pièces en argent : Petite chaise et cassolette
surmontée d'une couronne.

60 — Petite gondole en argent gravé, montée par deux
rameurs debout.

61 — Tabatière en forme de malle en argent doré en partie.
Époque Louis XV.

62 — Deux figures d'appliques en argent repoussé, représentant deux personnages agenouillés. xvii⁰ siècle.

63 — Soupière ovale en argent à pieds et anses rocaille
ciselés et à couvercle surmontée d'un artichaut et de
feuilles. Époque Louis XV. Dans son étui du temps.

64 — Grand Plat ovale en argent repoussé à sujet biblique
et bordure composée de cariatides, d'oiseaux et de rin-
ceaux. xviii⁰ siècle.

65 — Autre grand plat ovale en argent repoussé à figures
et large bord à ornements. xvii⁰ siècle.

66 — Théière en argent repoussé à figures de chinois et
ornements. Travail anglais du temps de Louis XV.

67 — Cafetière en argent repoussé et ciselé à ornements
rocaille et fleurs. Mêmes travail et époque.

68 — Boîte à thé de forme quadrangulaire en argent
repoussé à ornements rocaille et festons gravés. Travail
anglais du temps de Louis XVI,

69 — Réchaud en argent, orné de trois figures d'hommes
debout vus de dos, reliés par des festons de fleurs.
Époque Louis XVI.

70 — Petite cafetière Louis XV en argent repoussé à
ornements rocaille et gravés.

71 — Entonnoir en argent repoussé à fleurs et fruits.
Travail anglais.

72 — Saucière en argent repoussé à fleurs et ornements.
xviiie siècle.

73 — Moutardier Louis XIV en argent, modèle à feuilles
et godrons.

74 — Quatre médaillons ovales en argent repoussé à
figures d'animaux avec encadrements ornés de cariatides. Travail hollandais du xviie siècle.

SCULPTURES

75 — Ivoire. — Statuette de mendiant debout jouant de
la vielle et chantant.

76 — Ivoire. — Statuette de jeune femme nue tenant une
colombe.

77 — Ivoire. — Deux petites statuettes debout : Saint Joseph et sainte Madeleine.

78 — Ivoire. — Sifflet surmonté d'un groupe : Bergère et chien.

79 — Ivoire. — Petit tableau représentant le Christ en croix entouré de saintes femmes.

80 — Ivoire. — Deux bas-reliefs : l'un d'eux de forme ovale représente le Christ en croix entre les saintes femmes, et l'autre, Énée partant à la conquête de la Toison d'or.

81 — Ivoire. — Petit médaillon ovale : Vénus et l'Amour, dans un cadre en bronze doré.

82 -- Bois. — Deux garnitures d'angles formées chacune d'un mascaron supportant un vase de fleurs, époque Louis XIII, et médaillon ovale offrant une tête de profil en bas-relief.

83 — Bois. — Deux pièces de travail chinois : Petit panier en bambou à anse prise dans la masse, et coupe en forme de fleur sur pied formé d'une feuille.

84 — Ivoire. — Petit bas-relief rectangulaire : Scène de carnaval.

85 — Terre cuite. — Haut-relief appliqué sur marbre noir et représentant la Vierge vue à mi-corps et tenant l'enfant Jésus.

86 — Cire. — Bas-relief rectangulaire représentant les Vendanges. xviiie siècle.

DESSINS & MINIATURES

SAINT-AUBIN, 1760.

87 — Le Tonneau d'arrosement au jardin des Tuileries. Joli dessin au trait, rehaussé de sépia.

88 — Scène de la comédie italienne. Dessin gouaché.

BOUCHER (Attribués à).

89 — Jeux d'amours. Quatre dessins aux crayons noir et blanc.

J. C.

90 — Vues de Rome. Quatre dessins au trait rehaussés de couleurs.

DEMACHY.

91 — Monuments en ruine. Grande gouache.

J.-B. HUET, 1778.

92 — Sujets champêtres. Deux jolis dessins au crayon.

INCONNUS.

93 — Monuments en ruines et figures. Deux gouaches.

94 — Offrande à l'amour et groupe de trois figures. Deux miniatures gouachées.

95 — Deux gouaches portant la date de 1732. La balançoire et la main chaude.

96 — Miniature gouachée du temps de Louis XVI. Jeune femme assise dans un parc.

97 — Miniature rectangulaire sur ivoire. Portrait de femme coiffée d'un bonnet garni de rubans bleus. Cadre doré.

98 — Deux miniatures à l'huile sur cuivre. Portrait de Charles VI d'Autriche et de Marie-Thérèse.

99 — Deux reproductions de gravures exécutées sur étoffe et en paille, avec boutons de stras. La lecture et la leçon de musique.

100 — Deux feuilles d'écrans gouachées. Scène champêtre et intérieur.

LE BEL.

101 — Scène d'intérieur. Dessin gouaché.

MARTINET.

102 — Deux dédicaces ornées de miniatures gouachées. L'une dédiée *à la reine* et l'autre *à Monseigneur le comte d'Artois*.

MESSARD.

103 — Sujet de bataille sous Louis XIII. Dessin au crayon.

MONNET.

104 — Scènes de bacchanales. Deux pendants. Dessins au trait sur fond bleu.

J.-M. MOREAU LE JEUNE, 1773.

105 — Marie-Antoinette faisant la charité à des paysans pendant une chasse. Dessin gouaché.

MOREAU LE JEUNE, 1760 (D'après).

106 — La place Louis XV. Dessin au trait rehaussé de sépia. Au revers est la gravure représentant le même sujet.

JEAN PILLEMENT, 1780.

107 — Paysage. Dessin rehaussé.

F. QUEVERDO, 1771.

108 — La Demande en mariage. Dessin gouaché.

WOUVERMAN (d'après).

109 — Deux grandes miniatures gouachées. Scène de camp et le départ pour la chasse.

GRAVURES

110 — Le pont tournant; gravure du temps de Louis XV avant la lettre.

111 — Le billet doux et Qu'en dit l'abbé ? Deux gravures par de Lannoy, d'après Lavreince.·

112 — Scène tirée de l'histoire de Télémaque. Gravure.

113 — La lecture et la leçon de musique. Gravures avant la lettre.

114 — On vendra sous ce numéro les objets omis au présent catalogue.